L'art du calme intérieur

ECKHART TOLLE

L'art du calme intérieur

À l'écoute de sa nature essentielle

Traduit de l'anglais (Canada)
par Michel Saint-Germain

Bien**être**

Collection dirigée par Ahmed Djouder

Titre original :
STILLNESS SPEAKS
Published by New World Library, Novato, California

© New World Library, 2003

Précédemment paru en français sous le titre : *Quiétude*

Pour l'édition en langue française :
© Ariane Éditions inc., 2003

Table des matières

Introduction

Un maître spirituel authentique n'a rien à enseigner au sens conventionnel du terme, rien à vous donner ni à vous remettre ressemblant de près ou de loin à de l'information, des croyances ou des règles de conduite. Un tel enseignant a pour seule fonction de vous aider à éliminer ce qui vous sépare de la vérité, de votre nature véritable, de ce que vous savez déjà au fond de votre être. Le maître spirituel a pour rôle de dévoiler et de vous révéler cette dimension de profondeur intérieure, qui est également la paix.

Si vous recourez à un tel être (ou à ce livre) parce que vous êtes en quête de stimulation sous forme d'idées, de théories, de croyances, d'exposés intellectuels, vous serez déçu. Autrement dit, si vous cherchez matière à réflexion, vous n'en trouverez pas et passerez à côté de l'essence même de l'enseignement, de ces pages, qui ne se trouve pas dans les mots, mais en vous. Il serait bon, au fil de votre lecture, de vous remémorer, de le sentir. Les mots ne sont que des panneaux indicateurs. Ce qu'ils montrent n'est pas du domaine de la pensée, mais appartient à une dimension de vous qui est plus profonde et infiniment plus vaste que la pensée. Cette dimension est notamment empreinte d'une paix intensément vivante. Ainsi, chaque fois que vous ressentez une paix intérieure pendant votre lecture, c'est que ce livre accomplit sa fonction d'enseignant : il vous rappelle qui vous êtes et vous indique le chemin du bercail.

Ce n'est pas le genre d'ouvrage à lire d'un bout à l'autre avant de le ranger. Vivez avec, ouvrez-le souvent et, surtout, refermez-le souvent, ou passez plus de temps à le tenir entre vos mains qu'à le lire. Bien des lecteurs seront naturellement enclins à s'arrêter après chaque passage, pour faire une pause, réfléchir, retrouver la quiétude. Il est toujours plus utile et important d'arrêter que de poursuivre la lecture. Laissez ces pages faire leur œuvre, vous éveiller des vieux sillons de la pensée répétitive et conditionnée.

On peut considérer l'aspect de ce livre comme un retour actuel à la forme la plus ancienne d'enseignements spirituels qui nous soit parvenue : les soutras millénaires de l'Inde. Ceux-ci font ressortir la vérité d'une manière fort efficace, sous forme d'aphorismes ou de courts préceptes, sans grande élaboration conceptuelle. Les Védas et les Upanishads constituent les premiers enseignements sacrés consignés sous forme de soutras, tels les paroles du Bouddha. Les paroles et paraboles de Jésus peuvent également être vues comme des soutras lorsqu'on les extrait de leur contexte narratif, tout comme les profonds enseignements que renferme le Tao-tö-king, le livre ancien de la sagesse chinoise. Dans sa forme, le soutra offre l'avantage de la brièveté. Il ne sollicite pas le mental outre mesure. Ce qu'il ne dit pas compte davantage que ce qu'il dit : il ne fait qu'indiquer une direction. Les textes qui suivent ressemblent à des soutras, particulièrement au premier chapitre « Le silence et la quiétude », qui contient les passages les plus brefs. Celui-ci renferme déjà l'essence du livre entier, et pour certains lecteurs cette seule lecture suffira. Les autres chapitres sont destinés à ceux qui ont besoin de quelques « panneaux indicateurs » supplémentaires.

Tout comme les soutras anciens, les textes présentés ici sont sacrés : *ils proviennent d'un état de conscience que l'on peut appeler la quiétude*. À la différence des soutras anciens, toutefois, ils n'appartiennent à aucune religion ou tradition spirituelle, et sont immédiatement accessibles à tous. Ils comportent également un sentiment d'urgence. La transformation de la conscience humaine n'est plus, en somme, un luxe réservé à quelques individus isolés, mais une nécessité, si l'humanité ne veut pas céder à l'autodestruction. À l'heure actuelle, la dysfonction de la vieille conscience et la montée de la nouvelle s'accélèrent en même temps. Paradoxalement, la situation empire et s'améliore à la fois, bien que le « pire » soit plus apparent, étant plus bruyant.

Évidemment, ces écrits utilisent des mots qui, pendant la lecture, deviennent des pensées dans votre esprit. Mais ce ne sont pas des paroles ordinaires – vous n'y trouverez ni répétition tapageuse, ni clameur opportuniste destinée à attirer l'attention. Tout comme chaque véritable enseignant spirituel et les soutras anciens, les pensées de ce livre ne disent pas : « Regarde-moi », mais « Regarde plus loin que moi ». Comme elles émanent du calme, elles ont un pouvoir – celui de vous ramener au calme dont elles sont issues. Cette quiétude est aussi la paix intérieure, et les deux constituent l'essence de qui vous êtes. Et c'est cet état d'être qui sauvera et transformera le monde.

Eckhart TOLLE

Chaque fois qu'un silence
vous entoure, écoutez-le.
Remarquez-le, tout simplement.

Chapitre 1

Le silence et la quiétude

En perdant contact avec sa quiétude intérieure, c'est avec soi-même que l'on perd contact. En perdant contact avec soi-même, on se perd dans le monde.

Le sentiment le plus intime de soi, de son essence, est inséparable du calme intérieur. C'est le JE SUIS, plus profond que le nom et la forme.

La quiétude est votre nature essentielle. Quelle est-elle, en fait ? C'est l'espace intérieur, ou la conscience dans laquelle les mots de cette page sont perçus et deviennent des pensées. Sans cette conscience, il n'y aurait ni perception, ni pensées, ni monde.

Vous êtes cette conscience dissimulée sous l'apparence d'une personne.

L'équivalent du bruit extérieur, c'est le bruit intérieur de la pensée. L'équivalent du silence extérieur, c'est le calme intérieur.

Chaque fois qu'un silence vous entoure, écoutez-le. Remarquez-le, tout simplement. Accordez-y votre attention. L'écoute du silence éveille en vous la dimension du calme, car ce n'est qu'en toute tranquillité que l'on prend conscience du silence.

Voyez : dès que vous remarquez le silence alentour, vous ne pensez pas. Vous êtes conscient, sans penser.

Lorsque vous prenez conscience du silence, cette vigilance intérieure est immédiate. Vous voilà présent. Vous voilà sorti de millénaires de conditionnement humain collectif.

Regardez un arbre, une fleur, une plante. Laissez votre conscience s'y reposer. Sentez la paix mystique de cet être, profondément enraciné dans l'Être. Laissez la nature vous enseigner la paix de l'âme.

Si, en regardant un arbre, vous en percevez le calme, vous devenez calme à votre tour. Vous voilà en relation sur un plan très profond. Vous ressentez l'unité avec tout ce que vous percevez dans et par ce calme. Se sentir uni à tout, c'est aimer.

❧

Le silence est utile, mais non indispensable, pour trouver la quiétude. Même dans le bruit, vous pouvez porter attention au calme de fond, à l'espace dans lequel survient ce bruit. Cet espace intérieur de pure vigilance, c'est la conscience même.

❧

Vous pouvez devenir attentif à la conscience qui soutient toutes vos perceptions sensorielles, toute votre pensée. Dès lors apparaît la tranquillité de l'âme.

Tout bruit dérangeant peut être aussi utile que le silence. Comment ? Si vous abandonnez votre résistance intérieure au bruit, si vous laissez celui-ci être comme il est, cette acceptation vous amène aussi à ce domaine de paix intérieure qu'est le calme.

Chaque fois que vous acceptez profondément ce moment tel qu'il est – quelle que soit sa forme –, vous êtes calme, paisible.

❧

Accordez votre attention à l'écart – l'écart entre deux pensées, l'espace bref et silencieux entre les paroles d'une conversation, entre les notes d'un piano ou d'une flûte, ou l'écart entre l'inspiration et l'expiration.

Alors, la conscience de « quelque chose » devient… la simple conscience. La dimension informe de la conscience pure surgit en vous et remplace l'identification à la forme.

❦

L'intelligence véritable agit dans le silence. Le calme est l'espace de la créativité et des solutions.

Le calme est-il une simple absence de bruit et de contenu ? Non, il est l'intelligence même – la conscience sous-jacente où naît chaque forme. Et comment pourrait-il être séparé de votre être ? La forme que vous croyez être en provient et est soutenue par lui.

C'est l'essence de toutes les galaxies et de tous les brins d'herbe ; de toutes les fleurs, de tous les arbres, de tous les oiseaux et de toutes les autres formes.

❦

Le calme est la seule chose qui soit sans forme en ce monde. Mais ce n'est pas vraiment une chose et il transcende ce monde.

❦

Lorsque l'on regarde dans le calme un arbre ou un être humain, qui regarde ? Quelque chose de plus profond que la personne. C'est la conscience qui regarde sa création.

Dans la Bible, il est dit que Dieu créa le monde et vit que cela était bon. C'est ce que l'on voit en regardant depuis le calme dépourvu de pensée.

Avez-vous besoin d'en savoir davantage ? Le monde sera-t-il sauvé par un surcroît d'information, par des ordinateurs plus rapides ou par une nouvelle analyse scientifique ou intellectuelle ? N'est-ce pas de sagesse que l'humanité a le plus grand besoin, maintenant ?

Mais qu'est-ce que la sagesse, et où peut-on en trouver ? La sagesse accompagne la capacité d'être calme. Il suffit de regarder et d'écouter. Rien de plus. Le calme, le regard et l'écoute activent en vous l'intelligence non conceptuelle. Laissez la quiétude diriger vos paroles et vos gestes.

❧

*La prochaine étape
de l'évolution humaine
consistera à transcender la pensée.*

Chapitre 2

Au-delà du mental

L a condition humaine, c'est d'être immergé dans la pensée.

❦

La plupart des gens restent toute leur vie prisonniers des limites de leurs pensées. Ils ne dépassent jamais un sentiment de soi personnalisé, construit par le mental et conditionné par le passé.

Tout comme en chaque être humain, votre conscience comporte une dimension beaucoup plus profonde que la pensée. C'est votre essence même. On peut l'appeler présence, attention, conscience inconditionnée. Dans les enseignements anciens, c'est le Christ intérieur, votre nature de Bouddha.

Découvrir cette dimension vous libère, ainsi que le monde, de la souffrance que vous vous infligez, de même qu'aux autres, lorsque le « petit moi » définit tout votre bagage et mène votre vie. L'amour, la joie, l'expansion créatrice et la paix intérieure durable ne peuvent pénétrer dans votre vie qu'à travers cette dimension inconditionnée de la conscience.

Si vous reconnaissez, même par instants, que les pensées traversant votre esprit ne sont que des pensées, si vous observez vos schémas réactionnels à mesure qu'ils se produisent, alors cette dimension émerge déjà en vous : c'est la conscience dans laquelle surviennent les pensées et les émotions, c'est l'espace intérieur intemporel où se déploie le contenu de votre vie.

Le flux de la pensée a une force énorme qui peut aisément vous emporter. Chaque pensée se donne tellement d'importance ! Elle veut attirer toute votre attention.

Voici une nouvelle pratique spirituelle à votre intention : *ne prenez pas vos pensées trop au sérieux.*

Comme il est facile de se prendre au piège de ses propres prisons conceptuelles !

Le mental humain, dans son désir de connaître, de comprendre et de contrôler, prend ses opinions et points de vue pour la vérité. Il dit : c'est ainsi que cela fonctionne. Vous devez dépasser la pensée pour vous apercevoir que, peu importe comment vous interprétez « votre vie », celle d'un autre ou son comportement, et peu importe le jugement que vous portez sur une condition, ce n'est qu'un point de vue parmi maintes possibilités. Ce n'est qu'un amas de pensées.

Mais la réalité est un ensemble unifié dans lequel tout est entrelacé, où rien n'existe en soi ni isolément. La pensée fait éclater la réalité ; elle la découpe en fragments conceptuels.

Le mental, cet instrument utile et puissant, devient fort contraignant s'il s'empare totalement de votre vie, si vous ne voyez pas qu'il constitue un aspect négligeable de la conscience que vous êtes.

~☙~

La sagesse n'est pas un produit de la pensée. La profonde *certitude* qu'est la sagesse naît d'un simple geste, celui d'accorder toute votre attention à un être. L'attention, c'est l'intelligence primordiale, la conscience même. Elle dissout les barrières de la pensée conceptuelle et s'accompagne de la reconnaissance que rien n'existe en soi ni séparément. Elle fond le sujet et l'objet de la perception en un champ de conscience unifié. Elle guérit la séparation.

Chaque fois que vous êtes plongé dans la pensée compulsive, vous évitez ce qui *est*. Vous ne voulez pas être là où vous êtes. Ici. Maintenant.

~☙~

Les dogmes – religieux, politiques, scientifiques – naissent de la croyance erronée selon laquelle la pensée peut englober la réalité ou la vérité. Ils sont des prisons conceptuelles collectives. Le plus curieux, c'est que les gens adorent leur cellule, car elle leur donne un sentiment de sécurité et la fausse impression de savoir.

Rien n'a infligé à l'humanité plus de souffrance que ses dogmes. Tout dogme finit tôt ou tard par s'effondrer, oui, car la réalité finit par révéler sa fausseté ; mais si l'on n'en voit pas l'illusion fondamentale, il sera remplacé par d'autres.

Quelle est cette illusion fondamentale ? L'identification à la pensée.

S'éveiller sur le plan spirituel, c'est s'éveiller du rêve de la pensée.

Le domaine de la conscience est trop vaste pour être saisi par la pensée. Lorsque vous ne croyez plus tout ce que vous pensez, vous sortez de la pensée pour voir clairement que le penseur n'est pas votre être essentiel.

Comme le mental dépend de l'insuffisance, il est toujours avide d'avoir davantage. En vous identifiant au mental, vous tombez très facilement dans l'ennui et l'agitation. L'ennui signifie que le mental a faim de stimuli, de stimulations intellectuelles, et que son appétit n'est pas satisfait.

Lorsque vous vous ennuyez, vous pouvez satisfaire la faim du mental en ouvrant un magazine, en faisant un appel téléphonique, en allumant votre téléviseur, en naviguant sur le Web, en vous rendant dans une boutique ou – ce qui n'est pas rare – en transférant sur le corps cette impression mentale de manque et ce besoin d'avoir *plus*, que vous comblez brièvement par l'ingestion d'aliments.

Vous pouvez rester dans l'ennui et l'impatience, tout en observant ce sentiment d'ennui et d'impatience. Lorsque vous portez votre conscience sur ce sentiment, il s'entoure soudainement d'espace et de calme, pour ainsi dire. D'abord un peu, puis, à mesure que grandit ce sentiment d'espace intérieur, l'ennui diminue en importance et en intensité. Ainsi, même l'ennui peut vous enseigner qui vous êtes et qui vous n'êtes pas.

Vous découvrez que cette « personne qui s'ennuie » n'est pas votre nature essentielle. L'ennui n'est qu'un mouvement d'énergie conditionné qui vous habite. Vous n'êtes pas non plus cette personne en colère, triste ou craintive. L'ennui, la colère, la tristesse ou la peur ne sont pas « à vous » ; ils n'ont rien de personnel. Ce sont des états d'esprit. Ils vont et viennent.

Rien de ce qui va et vient n'est vous.

« Je m'ennuie. » Qui sait cela ?

« Je suis en colère, je suis triste, j'ai peur. » Qui sait cela ?

Vous êtes le fait de connaître et non l'état connu.

❧

Tout préjugé implique l'identification au mental. Il signifie que vous ne voyez plus l'autre humain, mais seulement l'idée que vous en avez. Ramener à un concept la vitalité d'un autre humain constitue déjà une forme de violence.

Si elle n'est pas enracinée dans la conscience, la pensée devient égoïste et dysfonctionnelle. L'ingéniosité dépourvue de sagesse est extrêmement dangereuse et destructrice. C'est l'état actuel de la majeure partie de l'humanité. L'amplification de la pensée par la science et la technologie, ni bonne ni mauvaise en soi, est elle aussi devenue destructrice, car, souvent, la pensée initiale n'est pas enracinée dans la conscience.

La prochaine étape de l'évolution humaine consistera à transcender la pensée. C'est notre tâche urgente. Cela ne veut pas dire cesser de penser, mais tout simplement ne pas être identifié à la pensée, ni possédé par elle.

❧

Sentez l'énergie de votre corps intérieur. Le bruit du mental ralentit alors ou cesse immédiatement. Sentez-la dans vos mains, vos pieds, votre abdomen, votre poitrine. Sentez la vie que vous êtes, la vie qui anime ce corps.

Ce corps devient alors une ouverture, en quelque sorte : il donne accès à un sentiment plus profond de vitalité, sous les émotions fluctuantes et l'activité mentale.

Il y a en vous une vitalité que vous pouvez sentir de tout votre Être et non uniquement dans la tête. Chaque cellule vit dans cette présence qui vous dispense de penser. Cet état n'exclut pas la pensée si elle est nécessaire à des fins pratiques. Le mental fonctionne encore, et d'une façon magnifique, quand l'intelligence supérieure que vous êtes l'utilise et s'exprime par lui.

Vous ne l'avez peut-être pas remarqué, mais de brèves périodes de « conscience sans pensée » se produisent déjà d'une manière naturelle et spontanée dans votre vie. En vous livrant à une activité manuelle, en traversant une pièce, en attendant au comptoir de la ligne aérienne, vous pouvez être si complètement présent que les parasites mentaux habituels se calment pour laisser place à une présence consciente. Vous pouvez aussi regarder le ciel ou écouter quelqu'un sans faire de commentaire mental intérieur. Vos perceptions deviennent claires comme du cristal, limpides et dépourvues de pensée.

Pour le mental, cela ne compte pas, car il a d'autres chats à fouetter. De plus, comme ce ne sont pas des moments mémorables, vous ne les avez pas remarqués.

En réalité, c'est ce qui vous arrive de plus important. C'est le début du passage de la pensée à la présence consciente.

Acclimatez-vous avec aisance à l'état de « non-savoir ». Il vous permet de dépasser le mental, qui essaie toujours de conclure et d'interpréter, craignant de ne pas savoir. Ainsi, lorsque vous êtes à l'aise dans le non-savoir, vous dépassez déjà le mental. De cet état surgit alors une certitude plus profonde, non conceptuelle.

La création artistique, le sport, la danse, l'enseignement, l'aide aux personnes : la maîtrise de n'importe quel champ d'activité implique que le mental n'est plus engagé ou, du moins, qu'il occupe une place secondaire. Il devient une force et une intelligence plus grandes que vous, et pourtant essentiellement unies à vous. Il n'y a plus de processus décisionnel ; la bonne action s'exerce spontanément, sans que « vous » en soyez l'acteur.

La maîtrise de la vie est le contraire du contrôle. Vous vous alignez sur la conscience supérieure, qui agit, parle, effectue le travail.

❧

Un instant de danger peut susciter une cessation temporaire du flux de la pensée et, ainsi, vous donner un aperçu de ce que veulent dire la présence, l'éveil, ou la conscience.

❧

La Vérité dépasse largement ce que le mental peut comprendre. Nulle pensée n'englobe la Vérité. Au mieux, elle peut l'indiquer. Par exemple, celle-ci : « Toutes choses sont intrinsèquement Une. » C'est là une indication, non une explication. Comprendre ces paroles, c'est *sentir* au fond de vous la Vérité qu'elles indiquent.

*Savoir que l'on est
la conscience derrière la voix,
c'est être libre.*

Chapitre 3

Le soi égoïque

L e mental cherche constamment non seulement de quoi réfléchir, mais de quoi alimenter son identité, son sentiment de soi. C'est ainsi que l'ego naît et se recrée continuellement.

En pensant ou en vous référant à vous-même, par l'emploi du « je », vous désignez habituellement « moi et mon histoire ». C'est le « je » de vos préférences et de vos aversions, de vos peurs et de vos désirs, le « je » qui n'est jamais longtemps satisfait. Ce sentiment d'identité, construit par le mental et conditionné par le passé, cherche à s'accomplir dans l'avenir.

Voyez-vous combien ce « je » est fugace, une formation temporaire semblable à celle des vagues à la surface de l'eau ?

Qui *voit* cela ? Qui est *attentif* au caractère fugace de votre forme physique et psychologique ? Je le Suis.

C'est le « je » profond, qui n'a rien à voir avec le passé ou l'avenir.

Que restera-t-il de toute la peur et de tous les désirs associés à votre condition de vie problématique, qui accapare chaque jour la majeure partie de votre attention ? Un tiret de quelques centimètres entre votre date de naissance et celle de votre décès, sur votre pierre tombale.

Pour le soi égoïque, c'est une pensée déprimante. Pour vous, elle est libératrice.

Lorsque chaque pensée absorbe votre attention, c'est que vous vous identifiez à la voix dans votre tête. La pensée devient alors investie d'un sentiment de soi. C'est l'ego, c'est-à-dire un « soi » créé par le mental. Ce soi de construction mentale se sent incomplet et précaire. C'est pourquoi la peur et le désir sont ses émotions et ses forces motivantes prédominantes.

Lorsque vous reconnaissez dans votre tête une voix qui prétend être vous et ne cesse de parler, vous vous éveillez de votre identification inconsciente au flux de la pensée. En remarquant cette voix, vous vous apercevez que vous n'êtes pas le penseur, mais la conscience.

Savoir que l'on est la conscience derrière la voix, c'est être libre.

Le soi égoïque est toujours engagé dans la quête. Il cherche à acquérir *davantage* pour se donner l'impression d'être plus complet. Cela explique l'inquiétude compulsive de l'ego quant à l'avenir.

Chaque fois que vous prenez conscience de « vivre pour l'instant prochain », vous voilà déjà sorti de ce schéma du mental égoïque, et surgit aussitôt la possibilité d'un choix, celui d'accorder toute votre attention à cet instant.

Une intelligence beaucoup plus grande que le mental égoïque pénètre alors dans votre vie.

En vivant selon l'ego, vous réduisez toujours l'instant présent à un moyen. Vous vivez pour l'avenir et, lorsque vous atteignez vos buts, ils ne vous satisfont pas, du moins pas longtemps.

Lorsque vous accordez plus d'attention à ce que vous êtes en train de faire qu'au résultat final escompté, vous interrompez le vieux conditionnement égoïque. Votre action devient alors non seulement beaucoup plus efficace, mais infiniment plus épanouissante et joyeuse.

Presque tout ego renferme au moins un élément de ce que l'on pourrait appeler l'« identité de victime ». Certaines personnes ont d'elles-mêmes une image de victime tellement forte que celle-ci devient le noyau central de leur ego. Le ressentiment et les griefs forment une part essentielle de leur sentiment de soi.

Même si vos griefs sont complètement « justifiés », vous vous êtes construit une identité comparable à une prison dont les barreaux sont constitués de formes-pensées. Voyez ce que vous êtes en train de vous faire, ou plutôt ce que votre mental est en train de vous faire. Sentez votre attachement émotionnel à l'égard de votre récit de victime et prenez conscience de votre tendance compulsive à y penser ou à en parler. Soyez présent en tant que témoin de votre état intérieur. Vous n'avez rien à faire. Avec la conscience vient la transformation et la liberté.

Les plaintes et la réactivité sont les schémas mentaux par lesquels l'ego se renforce le plus volontiers. Chez bien des gens, l'activité mentale et émotionnelle consiste largement à se plaindre et à réagir à ceci ou à cela. Ce faisant, ils donnent « tort » aux autres ou à une condition, et « raison » à eux-mêmes. En se donnant « raison », on se sent supérieur, et en se sentant supérieur, on renforce son sentiment de soi. En réalité, bien sûr, on ne fait que renforcer l'illusion de l'ego. Pouvez-vous observer ces tendances en vous et reconnaître pour ce qu'elle est la voix qui se plaint dans votre tête ?

Le sentiment de soi égoïque a besoin de conflits, car son sentiment de séparation tire sa force de la lutte, en démontrant que ceci est « moi » mais que cela n'est pas « moi ».

Il n'est pas rare que des tribus, des nations et des religions renforcent leur sentiment d'identité collective au moyen d'ennemis. Que serait le « croyant » sans l'« incroyant » ?

Dans vos rapports avec les gens, décelez-vous en vous-même de subtils sentiments de supériorité ou d'infériorité à leur égard ? Vous voilà en face de l'ego, qui vit de comparaisons.

L'envie est un sous-produit de l'ego, qui se sent diminué si quelque chose de bon arrive à un autre ou si quelqu'un a plus de biens, de connaissances ou de capacités. L'identité de l'ego, qui dépend de la comparaison, se nourrit du fait d'avoir plus. Il peut s'accrocher à n'importe quoi. Si tout le reste échoue, on peut renforcer un sentiment de soi fictif en s'estimant traité injustement par la vie, ou plus malade qu'un autre.

Quelles sont les histoires, les fictions dont vous tirez votre sentiment de soi ?

La structure même du soi égoïque comporte un besoin d'opposition, de résistance et d'exclusion destiné à maintenir le sentiment de séparation dont dépend sa survie. C'est donc « moi » contre « l'autre », « nous » contre « eux ».

L'ego a besoin d'un conflit avec quelque chose ou quelqu'un. Cela explique pourquoi on recherche la paix, la joie et l'amour, sans pouvoir les tolérer très longtemps. On prétend vouloir le bonheur, mais on est accroché au malheur.

En définitive, votre malheur ne vient pas de votre condition de vie, mais du conditionnement de votre esprit.

❦

Entretenez-vous des sentiments de culpabilité à propos d'une chose que vous avez faite – ou non – dans le passé ? Une chose est sûre : vous avez agi en fonction de votre conscience, ou plutôt inconscience, de l'époque. Une plus grande conscience vous aurait permis d'agir différemment.

La culpabilité est un autre exemple des efforts de l'ego en vue de créer une identité, un sentiment de soi. Que ce dernier soit positif ou négatif importe peu à l'ego. Ce que vous avez fait ou non était une manifestation de l'inconscience – l'inconscience humaine. Mais l'ego la personnalise en disant : « J'ai fait cela », et vous en retenez une « mauvaise » image mentale de vous.

Tout au long de l'histoire, les humains se sont mutuellement infligé d'innombrables actes de violence, cruels et blessants, et continuent ainsi. Faut-il les condamner, sont-ils tous coupables ? Ou ces gestes sont-ils de simples expressions de l'inconscience, un stade de l'évolution que nous sommes amenés à dépasser ?

Les paroles de Jésus « Pardonnez-leur, car ils ne savent ce qu'ils font » s'appliquent aussi à vous-même.

❦

Si vous vous fixez des buts égoïques afin de vous libérer, de vous améliorer ou d'accroître votre sentiment d'importance, même si vous les atteignez, ils ne vous satisferont pas.

Établissez des buts, mais sachez qu'ils n'ont pas tellement d'importance. Lorsque tout résulte de la présence, cela signifie que ce moment n'est pas un simple moyen, que le geste en soi comble chaque instant. Vous n'êtes plus en train de réduire le Présent à un moyen, c'est-à-dire à la conscience égoïque.

« Sans le soi, pas de problème », dit le maître bouddhiste lorsqu'on lui demanda d'expliquer la signification profonde du bouddhisme.

Porter son attention au Présent,
ce n'est pas nier ce qui est nécessaire ;
c'est reconnaître l'essentiel.

Chapitre 4

Le Présent

En surface, le Présent ressemble à un moment parmi d'autres. Chaque jour de votre vie semble composé de milliers d'instants au cours desquels ont lieu divers événements. Mais à y regarder de plus près, n'y a-t-il pas qu'un seul moment ? La vie n'est-elle pas « ce moment », toujours ?

Ce moment unique – le Présent – est le seul dont vous ne pourrez jamais vous échapper, l'unique facteur constant de votre vie. Quels que soient les événements ou les changements de votre vie, une chose est certaine : *c'est toujours maintenant*.

Puisqu'on ne peut échapper au Présent, pourquoi ne pas l'accueillir, s'en faire un ami ?

❧

Lorsque vous devenez l'ami du moment présent, vous voilà à l'aise partout. Lorsque vous ne vous sentez pas à l'aise dans le Présent, où que vous alliez, vous portez ce malaise avec vous.

Le moment présent est comme il est. Toujours. Pouvez-vous le lui permettre ?

❧

La division de la vie en passé, présent et futur est une construction mentale et, en définitive, illusoire. Le passé et le futur sont des formes-pensées, des abstractions mentales. On ne peut se rappeler le passé que Maintenant. Ce que vous vous rappelez est un événement survenu dans le Présent, que vous vous rappelez Maintenant. Le futur, lorsqu'il arrive, est le Présent. Donc, tout ce qui est réel, la seule chose à jamais se produire, c'est *vraiment* le Présent.

❧

Porter son attention au Présent, ce n'est pas nier ce qui est nécessaire ; c'est reconnaître l'essentiel. On peut alors fort aisément s'occuper de l'accessoire. Il ne s'agit pas de dire : « Je ne m'occupe plus de rien, car il n'y a que le Présent. » Non. Trouvez d'abord l'essentiel et faites-vous un ami, plutôt qu'un ennemi, du Présent. Reconnaissez-le, respectez-le. Lorsque le Présent est le fondement et le point de mire essentiel de votre vie, celle-ci se déroule avec aisance.

En rangeant la vaisselle, en établissant une stratégie commerciale, en préparant un voyage, qu'y a-t-il de plus important : le geste ou le résultat visé ? Ce moment-ci ou un moment futur ?

Traitez-vous *ce moment* comme un obstacle à surmonter ? Avez-vous l'impression de devoir atteindre un moment futur qui serait plus important ?

Presque tout le monde vit ainsi, la plupart du temps. Puisque l'avenir n'est jamais là, sauf sous la forme d'un Présent, ce mode de vie reste dysfonctionnel. Il engendre un constant courant sous-jacent de malaise, de tension et de mécontentement. Il ne respecte pas la vie, qui est le Présent et rien d'autre.

Sentez la vitalité de votre corps. Elle vous ancre dans le Présent.

En définitive, vous ne devenez responsable de la vie qu'en assumant la responsabilité de *cet instant* – maintenant. Voilà pourquoi le Présent est le seul espace de vie.

Prendre la responsabilité de cet instant, c'est ne pas s'opposer intérieurement à la forme qu'adopte le Présent, ne pas discuter avec ce qui est, mais bien plutôt s'aligner sur la Vie.

Le Présent est ainsi parce qu'il ne peut en être autrement. Ce que les bouddhistes ont toujours su, les physiciens le confirment à présent : il n'y a ni objets ni événements isolés. Sous l'apparence superficielle, tout est interrelié, tout fait partie de la totalité du cosmos, qui a suscité la forme que prend cet instant.

En acquiesçant à ce qui est, vous vous alignez sur le pouvoir et l'intelligence de la Vie même. Alors, seulement, vous pouvez devenir un agent de changement positif dans le monde.

⚜

Une pratique spirituelle simple mais radicale consiste à accepter tout ce qui survient dans le Présent – en soi et en dehors.

⚜

Lorsque votre attention est concentrée sur le Présent, une vigilance s'enclenche. C'est comme lorsque vous vous éveillez d'un rêve : celui de la pensée, du passé et du futur. Tant de clarté, de simplicité ! Aucune possibilité de créer des problèmes. Juste cet instant, tel quel.

⚜

Dès que vous entrez dans le Présent avec votre attention, vous réalisez que la vie est sacrée. Lorsque vous êtes présent, tout ce que vous percevez a un caractère sacré. Plus vous vivez dans le Présent, plus vous ressentez la joie simple mais profonde de l'Être et du caractère sacré de toute vie.

⚜

La plupart des gens confondent le Présent avec *ce qui s'y passe*, mais ce n'est pas le cas. Le Présent est plus profond que ce qui s'y déroule : *c'est l'espace dans lequel cela se déroule.*

Ne confondez donc pas le contenu de cet instant avec le Présent. Le Présent est plus profond que tout ce qu'il renferme.

❦

Lorsque vous entrez dans le Présent, vous sortez du contenu de votre mental. L'incessant flux mental ralentit. Les pensées n'absorbent plus toute votre attention, ne vous aspirent pas complètement. Des écarts surviennent entre les pensées – ampleur, calme. Vous commencez à voir que vous êtes plus vaste et plus profond que vos pensées.

❦

Les pensées, les émotions, les perceptions sensorielles et toutes vos expériences composent le contenu de votre vie. « Ma vie », c'est ce dont vous tirez votre sentiment de soi, et « ma vie », c'est du contenu, ou du moins ce que vous croyez.

Vous négligez continuellement l'évidence même : votre sens le plus intime du Je Suis n'a rien à voir avec ce qui *se passe* dans votre vie, ni avec son contenu. Ce sentiment de Je Suis est uni au Présent. Il est toujours le même. Dans l'enfance et la vieillesse, la santé ou la maladie, le succès ou l'échec, le Je Suis – l'espace du Présent – demeure inchangé en profondeur. Comme vous le confondez habituellement avec le contenu, vous ne le vivez, comme le Présent, que d'une manière faible et indirecte, par le contenu de votre vie. Autrement dit, votre sentiment d'être est obscurci par les circonstances, le flux de votre pensée et les mille choses de ce monde. Le Présent est assombri par le temps.

Vous oubliez donc votre enracinement dans l'Être, votre réalité divine, et vous vous perdez dans le monde. La confusion, la colère, la dépression, la violence et le conflit surviennent lorsque les humains oublient qui ils sont.

Pour retourner chez soi, il est facile de se rappeler la vérité :

Je ne suis ni mes pensées, ni mes émotions, ni mes perceptions sensorielles, ni mes expériences. Je ne suis pas le contenu de ma vie. Je suis la Vie. Je suis l'espace dans lequel tout se produit. Je suis la conscience. Je suis le Présent. Je Suis.

*Vous ne trouverez pas la paix
en réorganisant votre condition de vie,
mais en prenant conscience de qui
vous êtes sur le plan plus profond.*

Chapitre 5

Votre nature véritable

L e Présent est inséparable de votre nature la plus
  profonde.

Votre vie comprend bien des choses importantes,
mais une seule a une importance absolue.

Votre réussite aux yeux du monde a de l'importance. Votre santé aussi, de même que votre éduca-
tion. Le fait d'être riche ou pauvre a de l'importance –
cela établit certainement une différence dans votre
vie. Oui, tout cela a une importance relative, mais
aucune importance absolue.

Une chose compte plus que tout cela : le fait de découvrir votre essence par-delà cette éphémère entité,
ce fugace sentiment de soi personnalisé.

Vous ne trouverez pas la paix en réorganisant votre
condition de vie, mais en prenant conscience de qui
vous êtes sur le plan le plus profond.

La réincarnation ne réglera rien si, au cours de votre prochaine vie, vous ne savez pas encore qui vous êtes.

◅─◆─▻

Tout le malheur du monde vient d'un sentiment personnalisé du « moi » ou du « nous », qui cache votre nature essentielle. Lorsque vous n'avez pas conscience de cette essence intérieure, vous finissez toujours par engendrer le malheur. C'est aussi simple que cela. Lorsque vous ne savez pas qui vous êtes, vous construisez un soi mental à la place de votre magnifique être divin, et vous vous accrochez à ce soi craintif et indigent.

La protection et l'amélioration de ce faux sentiment de soi deviennent alors votre principale force motivante.

◅─◆─▻

Maintes expressions courantes, et parfois la structure même du langage, révèlent que les gens ne savent pas qui ils sont. Vous dites : « Il a perdu sa vie » ou « Ma vie », comme si vous pouviez la posséder ou la perdre. En réalité, vous n'*avez pas* de vie, vous *êtes* la vie. La seule vie qui soit, la conscience unique qui englobe l'univers et prend une forme temporaire pour faire l'expérience d'elle-même en tant que pierre ou brin d'herbe, comme animal, personne, étoile ou galaxie.

Sentez-vous, au fond de vous-même, que vous savez déjà cela ? Que vous êtes déjà cela ?

La plupart des choses de la vie exigent du temps : apprendre une nouvelle technique, construire une maison, devenir un expert, préparer une tasse de thé... Mais le temps est inutile à la chose la plus essentielle de la vie, la seule qui importe vraiment : l'accomplissement, soit le fait de savoir qui vous êtes par-delà l'être de surface – par-delà votre nom, votre forme physique, votre passé, votre histoire.

Vous ne pouvez vous trouver ni dans le passé ni dans le futur. Cela n'est possible que dans le Présent.

Les personnes en quête spirituelle cherchent l'accomplissement et l'illumination dans l'avenir. Une quête spirituelle implique le fait d'avoir besoin du futur. Si c'est ce que vous croyez, cela s'avérera pour vous : vous aurez *vraiment* besoin du temps, jusqu'à ce que vous voyiez que vous n'en avez pas besoin pour être qui vous êtes.

En regardant un arbre, vous avez conscience de cet arbre. En ayant une pensée ou un sentiment, vous avez conscience de cette pensée ou de ce sentiment. En vivant une expérience agréable ou pénible, vous avez conscience de cette expérience.

Ces affirmations semblent vraies et évidentes, mais en les examinant de très près, vous découvrirez que, d'une façon subtile, leur structure même renferme une illusion fondamentale, qui est inévitable lorsque vous recourez au langage. La pensée et le langage créent une dualité apparente, une personne séparée qui n'existe pas. En vérité, vous n'êtes pas quelqu'un qui a conscience de l'arbre, de la pensée, du sentiment ou de l'expérience. Vous êtes la conscience dans et par laquelle ces choses apparaissent.

Au fil de vos occupations, avez-vous conscience d'être cette conscience dans laquelle se déploie tout le contenu de votre vie ?

Vous dites : « Je veux me connaître. » Pourtant, le « je » est *vous*, comme le fait de connaître. *Vous* êtes la conscience par laquelle tout est connu. Et cela ne peut se *connaître* ; cela *est* cela.

On ne peut rien connaître d'extérieur à cela, mais toute connaissance en provient. Le « je » ne peut faire de soi un objet de connaissance, de conscience.

Ainsi, vous ne pouvez devenir un objet à vos propres yeux. C'est précisément pour cette raison qu'est survenue l'illusion de l'identité égoïque : parce que vous vous êtes mentalement changé en objet.

« C'est moi », vous dites-vous. Vous entamez une relation avec vous-même, vous vous montez une histoire et la racontez aux autres.

Si vous vous considérez comme la conscience dans laquelle se produit l'existence phénoménale, vous vous libérez, vous n'êtes plus dépendant du phénomène, ni de la quête de soi, peu importent les situations, les lieux et les conditions. En d'autres mots : ce qui se passe ou non n'a plus d'importance. Les choses perdent leur lourdeur, leur sérieux. Un esprit enjoué pénètre votre vie. Vous voyez ce monde comme une danse cosmique, celle de la forme – ni plus, ni moins.

✦

Lorsque vous savez qui vous êtes vraiment, un sentiment de paix durable et vivant s'installe. On pourrait l'appeler la joie, car c'est bien la nature de celle-ci : une paix vivante et vibrante. C'est la joie de reconnaître en soi l'essence de la vie, celle qui précède la forme. C'est la joie d'Être – d'être qui on est vraiment.

✦

Tout comme l'eau peut être solide, liquide ou gazeuse, on peut considérer que la conscience est « gelée » sous forme de matière physique, « liquide » sous forme de mental et de pensée, ou sans forme, en tant que conscience pure.

La conscience pure, c'est la Vie avant sa manifestation, et cette Vie regarde le monde de la forme à travers « vos » yeux, car la conscience est votre nature. Lorsque vous savez que c'est ce que vous êtes, vous vous reconnaissez en tout. C'est un état de clarté perceptuelle complète. Vous n'êtes plus une entité chargée d'un lourd passé qui devient une grille conceptuelle à partir de laquelle chaque expérience est interprétée.

C'est en percevant sans interprétation que l'on peut sentir ce qui perçoit. Le mieux que l'on puisse exprimer par le langage, c'est que la perception entre en action dans un champ de calme éveillé.

Grâce à « vous », la conscience sans forme a pris conscience d'elle-même.

~❦~

La vie de la plupart des gens est menée par le désir et la peur.

Le désir, c'est le besoin de *vous donner* quelque chose qui vous permettra *d'être* davantage vous-même. Toute peur est celle de *perdre*, donc de subir une diminution, *d'être* amoindri.

Ces deux mouvements occultent le fait que l'Être ne peut ni s'ajouter ni se soustraire. L'Être dans sa plénitude est déjà en vous, maintenant.

*Le lâcher-prise
est la transition intérieure
de la résistance à l'acceptation.*

Chapitre 6

L'acceptation et le lâcher-prise

C haque fois que vous le pouvez, « regardez » en vous pour voir si vous êtes en train de créer inconsciemment un conflit entre l'intérieur et l'extérieur, entre votre condition extérieure à cet instant – où vous êtes, avec qui vous êtes ou ce que vous faites – et vos pensées et sentiments. Sentez-vous à quel point il est pénible de s'opposer intérieurement à ce qui *est* ?

En le reconnaissant, vous vous voyez maintenant libre de laisser tomber ce conflit futile, cet état de guerre intérieur.

❧

Si vous deviez verbaliser votre réalité intérieure à cet instant, combien de fois par jour vous diriez-vous : « Je ne veux pas être ici » ? Comment vous sentez-vous lorsque vous ne voulez pas vous trouver là où vous êtes : dans un bouchon de circulation, à votre lieu de travail, dans la salle d'attente de l'aéroport, parmi les gens qui vous entourent ?

Bien entendu, il est bon de sortir de certains endroits – c'est parfois le geste le plus approprié. Mais dans bien d'autres cas, vous n'avez pas le choix. Ce « Je ne veux pas être ici » est alors inutile et dysfonctionnel. Il vous rend, vous et les autres, malheureux.

Quelqu'un a dit : « Où que vous soyez, il y a vous. » En définitive, vous *êtes* ici. Toujours. Est-il si difficile de l'accepter ?

❧

Est-il vraiment nécessaire d'étiqueter chaque perception et expérience sensorielle ? A-t-on vraiment besoin d'une relation réactive d'attirance ou d'aversion avec la vie, de conflits presque continus avec des situations et des gens ? Ou bien n'est-ce qu'une habitude mentale que l'on peut rompre ? Non pas en faisant quelque chose, mais en laissant ce moment être comme il est.

❧

Le « non » habituel et réactif renforce l'ego. Le « oui » l'affaiblit. Votre identité de forme, l'ego, ne peut survivre au lâcher-prise.

❧

« J'ai tellement de choses à faire ! » Oui, mais quelle est la qualité de vos gestes ? En vous rendant au travail, en parlant à des clients, en travaillant à l'ordinateur, en effectuant des courses, en vous occupant des innombrables composantes de votre quotidien – êtes-vous pleinement dans ce que vous faites ? Vos agissements sont-ils marqués par le lâcher-prise ou par la rigidité ? C'est cela qui détermine votre succès dans la vie, et non la quantité de vos efforts. L'effort implique le stress et la tension, le *besoin* d'atteindre un stade futur ou d'accomplir un certain résultat.

Détectez-vous en vous la moindre *absence de désir* de ce que vous êtes en train de faire ? Comme vous êtes à nier la vie, aucun résultat heureux n'est possible.

Si vous détectez cet état en vous, pouvez-vous également le laisser tomber et vous plonger entièrement dans ce que vous faites ?

« Une chose à la fois », c'est ainsi qu'un maître zen définissait l'essence du zen.

Faire une chose à la fois, c'est vous plonger entièrement dans ce que vous faites à l'instant, y accorder toute votre attention. C'est agir dans le lâcher-prise – dans la maîtrise.

❧

Votre acceptation de ce qui *est* vous amène à un plan plus profond où votre état intérieur, de même que votre sentiment de soi, ne dépend plus des jugements moraux du mental.

Lorsque vous dites « oui » à la vie « telle qu'elle est », lorsque vous acceptez ce moment tel qu'il est, vous éprouvez un sentiment d'ampleur imprégné d'une paix profonde.

En surface, vous êtes peut-être encore heureux lorsqu'il fait beau, et pas autant lorsqu'il pleut ; vous pouvez être heureux de gagner un million et malheureux de perdre tous vos biens. Toutefois, ni le bonheur ni le malheur ne vont jusqu'à cette profondeur. Ce sont des vaguelettes à la surface de votre Être. La paix sous-jacente demeure imperturbable en vous, quelle que soit la nature de la condition extérieure.

Le « oui » à ce qui est révèle en vous une dimension de profondeur qui ne dépend ni des conditions extérieures, ni des conditions intérieures de pensées et d'émotions en constante fluctuation.

~☙~

Il est tellement plus facile de lâcher prise en voyant la nature fugace de toutes les expériences et le fait que le monde ne peut rien vous procurer de durable. Vous continuez alors de rencontrer des gens, de vous engager dans des expériences et des activités, mais sans les désirs et les peurs du soi égoïque. En somme, vous n'exigez plus qu'une situation, une personne, un lieu ou un événement vous satisfasse ou vous rende heureux. Sa nature transitoire et imparfaite a le droit d'exister.

Et le miracle, c'est que lorsque vous n'exigez plus rien, chaque situation, personne, endroit ou événement devient non seulement satisfaisant, mais aussi plus harmonieux, plus paisible.

~☙~

Lorsque vous acceptez complètement ce moment, lorsque vous n'argumentez plus avec ce qui est, le besoin compulsif de penser diminue et laisse place à un calme éveillé. Vous êtes pleinement conscient, mais l'esprit n'appose à cet instant aucune espèce d'étiquette. Cet état de non-résistance intérieure vous ouvre à la conscience inconditionnée, qui est infiniment plus grande que le mental humain. Cette vaste intelligence peut alors s'exprimer par votre intermédiaire et vous aider, de l'intérieur comme de l'extérieur. En abandonnant la résistance intérieure, vous voyez souvent la situation changer pour le mieux.

❧

Suis-je en train de dire : « Appréciez cet instant. Soyez heureux. » ? Non.
Laissez simplement cet instant être comme il est. Cela suffit.

❧

Lâcher prise, c'est s'abandonner à *cet instant*, et non à une histoire au moyen de laquelle vous *interprétez* ce dernier pour ensuite tenter de vous y résigner.
Par exemple, il se peut qu'un handicap vous empêche de marcher. Cette condition est ce qu'elle est. Votre mental est-il en train de créer une histoire où vous vous dites : « Ma vie en est vraiment là ! J'ai abouti dans un fauteuil roulant. La vie m'a traité avec dureté et d'une façon injuste. Je ne mérite pas cela. » ?
Pouvez-vous accepter que ce moment soit *comme il est*, sans le confondre avec une histoire dont le mental l'a enrobé ?

Le lâcher-prise vient lorsque vous ne demandez plus : « Pourquoi cela m'arrive-t-il ? »

Un bien profond se cache même dans la situation la plus inacceptable et la plus pénible en apparence, et tout désastre renferme le germe de la grâce.

Au cours de l'Histoire, des hommes et des femmes ont, devant une grande perte, une maladie, une incarcération ou une mort imminente, accepté ce qui semblait inacceptable, découvrant ainsi « la paix insondable ».

Accepter l'inacceptable est la plus grande source de grâce en ce monde.

Dans certaines situations, toutes les réponses et les explications échouent. La vie n'a plus aucun sens. Ou quelqu'un en détresse vous demande de l'aide et vous ne savez pas que faire ou dire.

Lorsque vous acceptez pleinement de ne pas savoir, vous cessez de lutter pour trouver des réponses dans les limites du mental, et c'est alors qu'une intelligence plus vaste peut agir par votre intermédiaire. Même la pensée est susceptible d'en bénéficier, car l'intelligence plus vaste peut y affluer pour l'inspirer.

Parfois, lâcher prise signifie cesser de comprendre et se sentir à l'aise dans le fait de ne pas savoir.

Connaissez-vous quelqu'un dont la fonction principale, dans la vie, consiste apparemment à créer son propre malheur et celui des autres, à répandre l'infortune ?
Pardonnez-lui, car lui aussi participe à l'éveil de l'humanité. Il a le rôle d'intensifier le cauchemar de la conscience égoïque, l'état de non-lâcher-prise. Il n'y a là rien
de personnel. Ce n'est pas sa nature essentielle.

D'une certaine manière, le lâcher-prise est la transition intérieure de la résistance à l'acceptation, du
« non » au « oui ». Lorsque vous lâchez prise, votre
sentiment personnel cesse de s'identifier à une réaction ou à un jugement mental pour passer à *l'espace
qui entoure* cette réaction ou ce jugement. Au lieu de
s'identifier à la forme – pensée ou émotion –, il est,
tout simplement, et reconnaît en vous ce qui est sans
forme – la conscience spacieuse.

Tout ce que vous acceptez entièrement vous mène
à la paix, même l'impossibilité d'accepter, même la
résistance.

Laissez la Vie tranquille. Laissez-la être.

*La contemplation de la nature
peut vous libérer de ce «moi»,
le grand fauteur de troubles.*

Chapitre 7

La nature

Notre survie matérielle n'est pas notre seule forme de dépendance à la nature. Cette dernière doit également nous indiquer le chemin du retour, la sortie de la prison du mental. Nous nous sommes perdus dans l'action, la pensée, le souvenir, l'anticipation – dans un labyrinthe complexe et un monde de problèmes.

Nous avons oublié ce que les pierres, les plantes et les animaux savent encore. Nous avons oublié comment être calmes, nous-mêmes, être là où se trouve la vie : ici et maintenant.

❦

Chaque fois que vous portez attention à un élément naturel parvenu à l'existence sans intervention humaine, vous vous délivrez de la pensée conceptuelle et participez, dans une certaine mesure, au lien avec l'Être où existe encore tout ce qui est naturel.

Pour porter attention à une pierre, à un arbre ou à un animal, il ne s'agit pas d'y penser, mais de le percevoir, de l'entretenir dans votre conscience.

Une part de son essence vous parvient alors. Lorsque vous sentez le calme de cet être, ce calme émerge en vous. Vous le sentez reposer dans l'Être – uni à sa nature et à son espace. En prenant conscience de cela, vous arrivez, vous aussi, à un espace de repos au fond de vous.

En vous promenant, en vous reposant dans la nature, accordez-lui votre respect par une présence entière. Soyez calme. Regardez. Écoutez. Voyez comme chaque animal, chaque végétal est tout à fait lui-même. À la différence des humains, il ne s'est pas scindé. Comme sa vie ne dépend pas d'une image mentale de lui-même, il ne se soucie pas de la protéger ni de l'améliorer. Le cerf est lui-même. La jonquille est elle-même.

Tout, dans la nature, est uni non seulement en soi, mais aussi à la totalité. Rien ne s'est retiré de la trame de l'univers en proclamant une existence séparée : « moi » et le reste de l'univers.

La contemplation de la nature peut vous libérer de ce « moi », le grand fauteur de troubles.

Portez votre attention aux sons de la nature, nombreux et subtils : le bruissement des feuilles au vent, les gouttes de pluie qui tombent, le bourdonnement

d'un insecte, le premier chant d'oi
Donnez-vous complètement à l'écou
sons, il se passe quelque chose de plus
la pensée ne peut le saisir.

❧

Comme vous n'avez pas créé votre corps, vous ne pouvez contrôler ses fonctions. Une intelligence plus grande que le mental humain est à l'œuvre. Cette même intelligence soutient la nature entière. Pour vous en rapprocher davantage, il vous suffit de prendre conscience de votre propre champ d'énergie intérieur – cette vitalité, cette présence stimulante dans le corps.

❧

Le caractère enjoué et joyeux d'un chien, son amour inconditionnel et son empressement à célébrer la vie à tout moment contrastent fortement avec l'état intérieur de son propriétaire – déprimé, anxieux, soucieux, perdu dans ses pensées, absent du seul lieu et du seul temps qui soient : ici et maintenant. À vivre avec cette personne, comment le chien parvient-il à demeurer si épanoui, si joyeux ? On se le demande bien !

❧

En ne percevant la nature que par l'esprit, ou la pensée, vous ne pouvez sentir sa vitalité, son état d'être. Vous n'en voyez que la forme, sans prendre

...nce de la vie qui bat à l'intérieur – le ... e sacré. La pensée réduit la nature à une ...modité utile à la recherche du profit ou de la ...nnaissance, ou à quelque autre but utilitaire. La forêt ancienne devient bois d'œuvre ; l'oiseau, un projet de recherche ; la montagne, un objet d'exploitation ou de conquête.

Lorsque vous percevez la nature, réservez-vous des espaces de non-pensée, de non-mental. Si vous l'approchez ainsi, elle vous répondra en participant à l'évolution de la conscience humaine et planétaire.

Remarquez comme la fleur est présente, abandonnée à la vie.

La plante que vous avez chez vous, l'avez-vous jamais regardée ? Avez-vous laissé cet être familier mais mystérieux, que nous appelons une plante, vous enseigner ses secrets ? Avez-vous remarqué sa paix profonde ? Son champ de calme ? Dès que vous prenez conscience de l'émanation calme et paisible d'une plante, celle-ci devient votre maître.

Observez un animal, une fleur, un arbre, et voyez comme chacun prend appui dans l'Être, *est* lui-même. Sa dignité, son innocence et son caractère sacré sont immenses. Mais pour voir cela, vous devez dépasser l'habitude mentale de nommer et de cataloguer. Dès que vous traversez les étiquettes mentales, vous sentez cette dimension ineffable de la nature que la pensée ne peut concevoir ni les sens, percevoir. Cette harmonie, ce sacré imprègnent non seulement la nature, mais vous-même.

❧

L'air que vous respirez est la nature, tout comme le processus même de la respiration.

Portez attention à votre respiration et prenez conscience du fait que vous n'y êtes pour rien. C'est la respiration de la nature. Si vous deviez vous rappeler de respirer, vous mourriez bientôt ; si vous tentiez d'arrêter de respirer, la nature prévaudrait.

La façon la plus intime et la plus forte de vous relier à la nature consiste à prendre conscience de votre respiration et à apprendre à y maintenir votre attention. C'est salutaire et profondément valorisant. La conscience passe alors du monde conceptuel de la pensée au domaine intérieur de la conscience inconditionnée.

❧

Pour vous relier à l'Être, vous devez suivre les enseignements de la nature. Vous avez besoin d'elle, mais elle aussi a besoin de vous.

Vous n'êtes pas séparé de la nature. Nous faisons tous partie d'Une Seule Vie qui se manifeste d'innombrables manières dans l'univers entier, sous des formes complètement interreliées. En reconnaissant le sacré, la beauté, le calme et la dignité incroyables d'une fleur ou d'un arbre, vous lui ajoutez quelque chose. Par votre reconnaissance et votre conscience, la nature arrive elle aussi à se connaître. Grâce à vous, elle en vient à connaître sa beauté et son caractère sacré !

❦

Un grand espace de silence garde toute la nature dans son étreinte. Il vous tient, vous aussi.

❦

Seul le calme intérieur vous donne accès au calme des pierres, des plantes et des animaux. Lorsque votre mental bruyant se retire, vous pouvez vous relier profondément à la nature et dépasser le sentiment de séparation créé par l'excès de pensées.

La pensée est un stade de l'évolution de la vie. La nature baigne dans un calme innocent, préalable à la venue de la pensée. L'arbre, la fleur, l'oiseau, la pierre n'ont pas conscience de leur beauté ni de leur caractère sacré. Par le calme, les humains dépassent la pensée et accèdent à une dimension supplémentaire de certitude, de conscience.

La nature peut vous amener au calme. C'est le cadeau qu'elle vous offre. Lorsque vous la percevez et la rejoignez dans le champ de calme, ce champ s'imprègne de votre conscience. C'est votre cadeau à la nature.

Par vous, la nature prend conscience d'elle-même. Elle vous a attendu, pour ainsi dire, pendant des millions d'années.

*C'est merveilleux de dépasser le désir
et la peur dans les relations !
L'amour ne veut ni ne craint rien.*

Chapitre 8

Les relations

Comme nous sommes prompts à former une opinion sur une personne, à la juger ! Il est satisfaisant pour le mental égoïque de classer un autre humain, de lui accoler une identité conceptuelle, de prononcer sur lui un jugement vertueux.

Chaque être humain est conditionné à penser et à se comporter de certaines façons – généralement par des expériences vécues dans l'enfance et par son environnement culturel.

Vous ne voyez pas l'essence de cette personne, mais son apparence. En jugeant quelqu'un, vous confondez sa nature avec ces schémas mentaux conditionnés. Cette attitude est en soi un schéma profondément conditionné et inconscient. Vous lui attribuez une identité conceptuelle et fausse qui devient une prison non seulement pour lui, mais aussi pour vous-même.

Ne plus juger une personne, ce n'est pas ne pas voir ses gestes. C'est reconnaître que son comportement correspond à une forme de conditionnement et que vous la voyez et l'acceptez ainsi. Ce n'est pas lui fabriquer une identité.

Cela vous libère, de même que l'autre, de l'identification au conditionnement, à la forme, au mental. Ainsi, l'ego ne dirige plus vos relations.

Tant que l'ego dirige votre vie, la plupart de vos pensées, de vos émotions et de vos gestes émanent du désir et de la peur. Alors, dans les relations, vous désirez ou craignez quelque chose de l'autre.

Ce que vous voulez de lui, ce peut être le plaisir ou le gain matériel, la reconnaissance, des louanges ou de l'attention, ou un renforcement de votre sentiment de soi par la comparaison et l'affirmation que vous êtes supérieur à lui, du point de vue de l'être, de l'avoir ou des connaissances. Ce que vous craignez, c'est le contraire : qu'il puisse, d'une façon ou d'une autre, diminuer votre sentiment de soi.

Lorsque vous focalisez votre attention sur le moment présent – au lieu d'en faire usage comme d'un simple moyen –, vous dépassez l'ego et l'impulsion inconsciente d'utiliser les gens pour vous mettre en valeur à leurs dépens. En accordant toute votre attention à votre interlocuteur, vous écartez de la relation le passé et le futur, sauf pour des questions pratiques. En étant pleinement présent à votre interlocuteur, vous renoncez à l'identité conceptuelle que vous lui avez fabriquée – votre interprétation de son identité et de son passé – et pouvez interagir sans les impulsions égoïques du désir et de la peur. La clé, c'est l'attention, qui est la quiétude éveillée.

Comme c'est merveilleux de dépasser le désir et la peur dans les relations ! L'amour ne veut ni ne craint rien.

❧

Si son passé était le vôtre, sa douleur la vôtre, son niveau de conscience le vôtre, vous penseriez et agiriez exactement comme lui. Avec cette prise de conscience viennent le pardon, la compassion, la paix.

L'ego n'aime pas entendre cela, car s'il ne peut plus être réactif et vertueux, il perd de sa force.

❧

Lorsque vous recevez comme un noble invité quiconque entre dans l'espace du Présent, et que vous laissez cette personne être soi, elle commence à changer.

Pour connaître un autre humain dans son essence, vous n'avez pas vraiment besoin de connaissance *sur* lui – son passé, son histoire. Nous confondons la connaissance superficielle avec une connaissance profonde, qui n'est pas conceptuelle. Ce sont là deux modalités complètement différentes. L'une se préoccupe de la forme, l'autre de ce qui n'en a pas. L'une procède de la pensée, l'autre du calme.

La connaissance superficielle est utile à des fins pratiques. Sur ce plan, nous ne pouvons nous en passer. Mais lorsque c'est le mode prédominant de la relation, elle devient fort contraignante et même destructrice. Les pensées et concepts engendrent une barrière artificielle, une séparation entre les humains.

Alors, vos interactions ne sont pas enracinées dans l'Être, mais basées sur le mental. Sans les barrières conceptuelles, l'amour est naturellement présent dans toutes les interactions humaines.

❧

La plupart des interactions humaines se limitent à l'échange verbal – le domaine de la pensée. Il est essentiel d'apporter du calme, surtout dans vos relations intimes.

Aucune relation ne peut s'épanouir sans le sentiment d'ampleur qui accompagne le calme. Méditez, ou passez du temps ensemble en silence dans la nature. En vous promenant, ou assis dans la voiture ou à la maison, coulez-vous dans votre calme commun. Ce dernier ne peut et ne doit pas être créé. Il suffit d'être réceptif au calme déjà présent, mais généralement couvert par le bruit mental.

Sans ce calme spacieux, la relation sera dominée par le mental et aisément envahie par les problèmes et les conflits. Le calme, lui, peut tout contenir.

❧

L'écoute véritable est un autre moyen d'apporter le calme dans la relation. Lorsque vous écoutez vraiment, la dimension du calme émerge, devenant un aspect essentiel de la relation. Mais l'écoute véritable est un talent rare. Habituellement, une personne accorde une grande part de son attention à sa pensée. Au mieux, elle peut évaluer vos paroles ou préparer son prochain propos. Ou elle n'écoute peut-être pas du tout, perdue dans ses propres pensées.

L'écoute véritable dépasse largement la perception auditive. C'est l'attention éveillée, un espace de présence dans lequel les paroles sont reçues. Celles-ci deviennent alors secondaires, pouvant ou non avoir un sens. Ce qui compte, bien plus que *ce que* vous écoutez, c'est l'écoute même ; l'espace de présence consciente se manifeste dans votre écoute. Cet espace est un champ de conscience homogène dans lequel vous rencontrez l'autre sans les barrières créées par la pensée conceptuelle. Ainsi, cette personne n'est plus « autre ». Dans cet espace, vous êtes tous deux reliés en une seule conscience.

~♣~

Vivez-vous des drames fréquents et répétitifs dans vos relations intimes ? Des désagréments relativement insignifiants déclenchent-ils souvent des discussions violentes et une douleur émotionnelle ?

Cela repose sur les schémas égoïques de base, soit le besoin d'avoir raison et, bien sûr, de donner tort à l'autre. En somme, sur l'identification à des positions mentales. Il y a aussi le besoin de l'ego d'être en conflit périodique avec une chose ou une personne afin de renforcer son sentiment de séparation entre « moi » et « l'autre », condition essentielle à sa survie.

S'y ajoute l'accumulation de la douleur émotionnelle antérieure que vous portez, comme tout être humain, celle de votre passé personnel et de la douleur collective de l'humanité, fort ancienne. Ce « corps de souffrance » est un champ d'énergie intérieur qui s'empare sporadiquement de vous, par besoin de ressentir une plus grande douleur émotionnelle, pour s'en nourrir et se reconstituer. Il tente de contrôler votre pensée et de la rendre profondément négative. En réalité, il adore vos pensées négatives. Comme il résonne à leur fréquence, il peut s'en nourrir aussi. Il provoque également des réactions émotionnelles négatives chez vos proches, surtout votre partenaire, pour se repaître du drame et de la douleur émotionnelle qui s'ensuivent.

Comment vous libérer de cette inconsciente et profonde identification à la douleur qui engendre tant de malheur dans votre vie ?

Prenez-en conscience. Voyez que ce n'est pas votre nature et reconnaissez-la pour ce qu'elle est : une douleur passée. Observez-la chez votre partenaire ou chez vous-même. Lorsqu'elle est rompue, lorsque vous pouvez l'observer en vous, vous ne l'alimentez plus et elle perd graduellement sa charge énergétique.

L'interaction humaine peut être un enfer. Ou une grande pratique spirituelle.

Si, en considérant un autre humain, vous ressentez beaucoup d'amour à son égard, ou si, en contemplant la beauté de la nature, quelque chose en vous réagit profondément, fermez un instant les yeux et ressentez en vous l'essence de cet amour ou de cette beauté, essence inséparable de qui vous êtes, de votre nature véritable. La forme extérieure est un reflet temporaire de votre nature intérieure, de votre essence. C'est pourquoi l'amour et la beauté ne vous quitteront jamais, contrairement à toutes les formes extérieures.

Quelle est votre relation au monde des objets, aux innombrables choses qui vous entourent et que vous manipulez quotidiennement ? Ce fauteuil, ce stylo, cette voiture, cette tasse ? Sont-ils pour vous de simples moyens, ou vous arrive-t-il parfois de reconnaître leur existence, leur être, ne serait-ce que brièvement, en les remarquant et en leur accordant votre attention ?

Lorsque vous vous attachez aux objets, que vous les utilisez pour rehausser votre valeur à vos propres yeux et à ceux des autres, les préoccupations matérielles peuvent facilement s'emparer de votre vie. En vous identifiant aux choses, vous ne les appréciez pas pour ce qu'elles sont, car vous vous cherchez en elles.

Si vous appréciez un objet pour ce qu'il est, si vous reconnaissez son être sans projection mentale, vous *ne pouvez* qu'être reconnaissant de son existence. Vous pouvez également sentir qu'il n'est pas vraiment inanimé, que ce n'est qu'apparence des sens. En effet, les physiciens confirmeront que, sur un plan moléculaire, tout objet constitue un champ d'énergie en pulsation.

Grâce à votre appréciation désintéressée du domaine des objets, le monde qui vous entoure prendra vie de bien des façons dont votre mental n'a pas la moindre idée.

Lorsque vous rencontrez quelqu'un, ne serait-ce que brièvement, reconnaissez-vous son être en lui accordant toute votre attention ou bien le réduisez-vous à un simple moyen, à une fonction ou un rôle ?

Quelle est la qualité de votre relation avec la caissière du supermarché, le préposé au stationnement, le réparateur, le « client » ?

Un moment d'attention suffit. Lorsque vous regardez ou écoutez cette personne, un calme éveillé se produit – de deux ou trois secondes, peut-être d'une durée plus longue. Cela suffit pour qu'émerge quelque chose de plus réel que les rôles habituels auxquels nous nous identifions. Tous les rôles font partie de la conscience conditionnée qu'est le mental humain. Ce qui se révèle par le geste attentif, c'est l'inconditionné – votre nature essentielle, derrière votre nom et votre forme. Vous n'êtes plus en train de jouer un scénario ; vous devenez réel. Lorsque cette dimension monte du fond de vous, elle l'attire aussi chez l'autre.

En définitive, il n'y a bien entendu personne d'autre ; c'est toujours vous-même que vous rencontrez.

La vie est éternelle.

Chapitre 9

La mort et l'éternel

En marchant dans une forêt qui n'a été ni domestiquée ni dérangée par l'homme, non seulement vous verrez une vie abondante tout autour de vous, mais vous rencontrerez aussi, à chaque pas, des arbres tombés, des troncs et des feuilles en train de pourrir et de la matière décomposée. Partout où vous regarderez, vous trouverez la vie aussi bien que la mort.

En y regardant de plus près, toutefois, vous découvrirez que le tronc et les feuilles en décomposition non seulement donnent naissance à une nouvelle vie, mais sont eux-mêmes pleins de vie puisque des micro-organismes y travaillent, des molécules se réorganisent. La mort ne se trouve donc nulle part. Il n'y a que la métamorphose des formes de vie. Quelle leçon pouvez-vous en tirer ?

La mort n'est pas le contraire de la vie. La vie n'a pas de contraire. Le contraire de la mort est la naissance. La vie est éternelle.

De tout temps, les sages et les poètes ont reconnu le caractère onirique de l'existence humaine – en apparence si solide et si réelle, mais en fait si fugace qu'elle pourrait se dissoudre à tout moment.

À l'instant de la mort, en effet, l'histoire de votre vie peut vous apparaître comme un rêve tirant à sa fin. Mais même un rêve doit avoir une essence réelle. Il doit se concrétiser dans une conscience ; autrement, il ne *serait* pas.

Cette conscience est-elle créée par le corps ou crée-t-elle le rêve du corps ou de quelqu'un ?

Pourquoi la plupart de ceux qui ont survécu à la mort ne craignent-ils plus la mort ? Réfléchissez à cela.

❧

Vous savez, bien sûr, que vous allez mourir, mais cela demeure un simple concept mental jusqu'à votre première rencontre « personnelle » avec la mort : une grave maladie ou un accident qui vous arrive ou afflige un proche, ou le décès d'un être aimé. La mort entre alors dans votre vie en tant que conscience de votre propre mortalité.

La plupart des gens s'en détournent par peur, mais si vous ne bronchez pas et affrontez la fugacité de votre corps qui pourrait se dissoudre à tout moment, vous parvenez à un certain degré de désidentification, même léger, de votre forme physique et psychologique, le « moi ». Lorsque vous voyez et acceptez la nature transitoire de toutes les formes de vie, un étrange sentiment de paix s'installe en vous.

En affrontant la mort, votre conscience se libère dans une certaine mesure de l'identification à la forme. C'est pourquoi, dans des traditions bouddhistes, les moines visitent régulièrement la morgue pour méditer assis parmi les dépouilles.

La culture occidentale entretient un déni généralisé de la mort. Même les gens âgés tentent de ne pas en parler ni d'y penser, et l'on cache les cadavres. Une culture qui nie la mort finit par devenir superficielle, préoccupée uniquement par la forme extérieure des choses. Lorsque l'on nie la mort, la vie perd sa profondeur. La possibilité de savoir qui nous sommes par-delà le nom et la forme, soit d'accéder à la dimension du transcendant, disparaît de notre vie, puisque la mort est la porte d'entrée de cette dimension.

Les gens ont tendance à vivre une fin avec un malaise, car toute fin est une petite mort. C'est pourquoi, dans bien des langues, l'expression employée lorsque l'on se quitte signifie « au revoir ».

Chaque fois qu'une expérience tire à sa fin – une réunion d'amis, un congé, le départ des enfants –, on vit une petite mort. Une « forme », que cette expérience a fait apparaître dans votre conscience, se dissout, et cela laisse souvent un sentiment de vide que la plupart des gens s'efforcent de ne pas ressentir, de ne pas affronter.

Si vous apprenez à accepter et même à accueillir la fin dans votre vie, vous découvrirez peut-être que le sentiment de vide, qui paraissait inconfortable au début, prend une ampleur profondément paisible.

En apprenant ainsi à mourir au quotidien, vous vous ouvrez à la Vie.

La plupart des gens ont l'impression que leur identité, leur sentiment de soi, est une chose incroyablement précieuse qu'il ne faut pas perdre. C'est la raison pour laquelle ils ont si peur de la mort.

Il semble inimaginable et effrayant que « je » puisse cesser d'exister. Mais vous confondez ce précieux « je » avec votre nom, votre forme et l'histoire qui y est associée. Ce « je » n'est qu'une création temporaire dans le champ de la conscience.

Tant que votre connaissance se résume à cette identité formelle, vous n'êtes pas conscient du fait que ce caractère précieux est votre propre essence, votre sentiment le plus intime du « Je Suis », qui est la conscience même. C'est l'éternel en vous – et la seule chose que vous ne pouvez perdre.

Chaque fois qu'une perte profonde survient dans votre vie – celle de vos biens, de votre maison, d'une relation intime ; ou celle de votre réputation, de votre travail ou de vos capacités physiques –, quelque chose meurt en vous. Vous vous sentez diminué dans votre sentiment d'identité. Vous pouvez également ressentir une certaine désorientation : « Sans cela... qui suis-je ? »

Lorsqu'une forme que vous aviez inconsciemment identifiée à une partie de vous-même vous quitte ou se dissout, ce peut être extrêmement pénible. Elle laisse un trou, pour ainsi dire, dans le tissu de votre existence.

Dans ce cas, ne niez pas et n'ignorez pas votre douleur ni votre tristesse. Acceptez leur présence. Méfiez-vous de la tendance de votre mental à élaborer autour de cette perte une histoire dans laquelle vous vous donnez le rôle de victime. La peur, la colère, le ressentiment ou l'apitoiement sur soi sont les émotions qui accompagnent ce rôle. Puis, prenez conscience de ce que cachent ces émotions et cette construction du mental : ce trou, cet espace vide. Pouvez-vous affronter et accepter cet étrange sentiment de vide ? Le cas échéant, vous découvrirez peut-être que cet espace n'est pas si terrifiant. Vous aurez peut-être la surprise de constater qu'une paix en émane.

Chaque fois que la mort survient, qu'une forme de vie se dissout, Dieu, l'informe et le non-manifesté, rayonne par l'ouverture laissée par la forme en dissolution. Voilà pourquoi la mort est ce qu'il y a de plus sacré dans la vie. Voilà pourquoi la paix de Dieu peut vous parvenir par la contemplation et l'acceptation de la mort.

∼⚓∽

Comme chaque expérience humaine est éphémère, comme nos vies sont fugaces ! Y a-t-il quelque chose qui ne soit pas sujet à la naissance et à la mort, quelque chose d'éternel ?

Réfléchissez : s'il n'y avait qu'une seule couleur, disons le bleu, et que le monde entier, avec tout ce qu'il comprend, était bleu, il n'y aurait pas de bleu. Pour que l'on puisse reconnaître le bleu, il doit y avoir quelque chose qui ne l'est pas ; autrement, il ne « ressortirait » pas, il n'existerait pas.

De même, ne faut-il pas quelque chose qui n'est ni fugace ni transitoire pour que soit reconnue la fugacité de toutes choses ? Autrement dit, si tout était transitoire, y compris vous-même, le sauriez-vous ? Puisque vous avez conscience de la nature éphémère de toutes les formes, y compris la vôtre, et que vous pouvez l'observer, n'est-ce pas un signe que quelque chose en vous n'est pas sujet à la décomposition ?

À vingt ans, vous avez conscience de la force et de la vigueur de votre corps ; soixante ans plus tard, vous avez conscience de sa faiblesse et de sa vieillesse. Votre pensée a peut-être changé, elle aussi, depuis vos vingt ans, mais la conscience de la jeunesse ou de la vieillesse du corps, ou du changement de votre pensée, n'a subi, elle, aucune modification. Cette conscience, c'est l'éternel en vous – la conscience même. C'est la Vie Une et sans forme. Pouvez-vous La perdre ? Non, car C'est ce que vous êtes.

Juste avant de mourir, certaines personnes deviennent profondément paisibles et presque lumineuses, comme si quelque chose luisait à travers la forme en dissolution.

Il arrive parfois que des gens très malades ou vieux deviennent en quelque sorte presque transparents au cours des ultimes semaines, mois ou même années de leur vie. Lorsqu'ils vous regardent, vous voyez une lueur dans leurs yeux. La souffrance psychologique a disparu. Comme ils ont lâché prise, la personne, ce « moi » égoïque construit par le mental, s'est déjà dissoute. Ils sont « morts avant de mourir » et ont trouvé une paix intérieure profonde, soit la conscience de leur part immortelle.

❦

Pour chaque accident et désastre, il existe une dimension de rédemption potentielle dont nous ne sommes habituellement pas conscients.

L'immense choc de la mort imminente et tout à fait inattendue peut subitement sortir votre conscience de l'identification à la forme. Aux derniers instants avant la mort physique, et au moment de celle-ci, vous avez l'impression d'être une conscience libérée de la forme. Soudain, plus de peur, seulement la paix et la certitude que « tout va bien » et que la mort n'est que la dissolution d'une forme. La mort est alors perçue, en fin de compte, comme une illusion – tout comme la forme à laquelle vous vous étiez identifié.

❦

La mort n'est pas une anomalie ni l'événement le plus terrible de tous, comme la culture moderne voudrait vous le faire croire, mais la chose la plus naturelle du monde, inséparable de son autre polarité, la naissance, tout aussi naturelle. Rappelez-vous cela lorsque vous accompagnerez un mourant.

C'est un grand privilège et un geste sacré que d'assister à la mort de quelqu'un, en tant que témoin et compagnon.

Lorsque vous accompagnez un mourant, ne niez aucun aspect de cette expérience. Ne niez pas ce qui est en train de se passer, ni vos sentiments. Reconnaître que vous ne pouvez rien faire peut vous donner un sentiment de désespoir, de tristesse ou de colère. Acceptez ce que vous ressentez. Puis, faites un pas de plus : acceptez votre impuissance, acceptez-la complètement. Vous ne dominez pas la situation. Abandonnez-vous profondément à chaque aspect de cette expérience, à vos sentiments, de même qu'à toute la douleur ou à l'inconfort du mourant. Votre conscience en lâcher-prise et le calme qui l'accompagne aideront grandement le mourant et faciliteront sa transition. S'il convient de prononcer quelques paroles, elles jailliront de votre calme intérieur, mais seront en somme secondaires.

Avec le calme vient la bénédiction : la paix.

*La souffrance est nécessaire
jusqu'à ce que vous preniez conscience
de son inutilité.*

Chapitre 10

La souffrance et sa disparition

Tout est en interrelation : les bouddhistes l'ont toujours su et les physiciens le confirment à présent. Aucun événement n'est isolé, sinon en apparence. Plus nous le jugeons et l'étiquetons, plus nous l'isolons. La globalité de la vie devient fragmentée par notre pensée. Mais c'est la totalité de la vie qui a suscité cet événement, partie intégrante de la trame d'interrelation qu'est le cosmos.

En d'autres termes, tout ce qui *est* ne pourrait être autrement.

Dans la plupart des cas, nous n'avons pas la moindre idée du rôle qu'un événement apparemment insignifiant peut jouer au sein de la totalité du cosmos, mais la reconnaissance de son inévitabilité dans l'immensité de l'ensemble peut vous amener à accepter intérieurement ce qui est, et ainsi, vous réaligner sur l'entièreté de la vie.

La vraie liberté et la disparition de la souffrance consistent à vivre comme si vous aviez choisi tout ce que vous ressentez ou vivez en ce moment.

Cet alignement intérieur sur le Présent, c'est la disparition de la souffrance.

❧

La souffrance est-elle nécessaire ? Oui et non.

Si vous n'aviez pas souffert comme vous l'avez fait, vous n'auriez ni profondeur humaine, ni humilité, ni compassion. Vous ne seriez pas en train de lire ceci, maintenant. La souffrance casse la coquille de l'ego, et vient un moment où celui-ci a rempli son but.

La souffrance est nécessaire jusqu'à ce que vous preniez conscience de son inutilité.

❧

Le malheur a besoin d'un « moi » construit par le mental, avec une histoire, une identité conceptuelle. Il a besoin de temps – le passé et le futur. Lorsque vous retirez le temps de votre malheur, que reste-t-il ? Cet instant tel qu'il est.

Ce peut être un sentiment de lourdeur, d'agitation, de contraction, de colère, ou même de nausée. Ce n'est ni le malheur ni un problème personnel. La douleur humaine n'a rien de personnel. Ce n'est qu'une pression ou une énergie intense ressentie quelque part dans votre corps. Lorsque vous y portez attention, ce sentiment ne devient pas une pensée qui active le « moi » malheureux.

Voyez ce qui se produit lorsque vous vous contentez de laisser monter un sentiment.

∾⚜∾

Beaucoup de souffrance et de malheur surviennent lorsque vous tenez pour vraie chaque pensée qui vous vient en tête. Ce ne sont pas les situations qui vous rendent malheureux. Elles peuvent vous causer de la douleur physique, mais sans plus. Ce sont vos pensées qui vous rendent malheureux, dont vos interprétations, les histoires que vous vous racontez.

« Les pensées que j'ai à présent me rendent malheureux. » Cette seule prise de conscience rompt votre identification inconsciente à ces pensées.

« Quelle journée de malheur ! »

« Il n'a même pas eu la politesse de retourner mon appel ! »

« Elle m'a laissé tomber ! »

Ce sont là des petites histoires que nous nous racontons à nous et aux autres, souvent sous forme de plaintes. Elles sont inconsciemment destinées à augmenter notre sentiment de soi toujours déficient, en nous donnant « raison » et en donnant « tort » à quelqu'un. Avoir « raison » nous place dans une position de supériorité imaginaire et, ainsi, renforce notre faux sentiment de soi, l'ego. Cela crée aussi une sorte d'ennemi : oui, l'ego a besoin d'ennemis pour définir ses frontières, et même la météo peut jouer ce rôle.

L'habitude du jugement mental et la contraction émotionnelle vous mettent en relation personnalisée, réactionnelle, avec les gens et les événements de votre vie. Ce sont là des formes de souffrance que vous vous créez, mais qui ne sont pas reconnues comme telles, car l'ego s'en satisfait, se développant par la réactivité et le conflit.

Comme la vie serait simple sans ces histoires !

« Il pleut. »

« Il n'a pas appelé. »

« J'étais là. Elle, non. »

Lorsque vous souffrez, quand vous êtes malheureux, restez complètement avec ce qui *est*, au Présent. Le malheur ou les problèmes ne peuvent survivre dans le Présent.

❧

La souffrance est déclenchée lorsque vous apposez mentalement à une situation l'étiquette d'indésirable ou de mauvaise. Vous avez du ressentiment face à une situation, et ce ressentiment la personnalise et amène un « moi » réactif.

On a l'habitude de nommer et de cataloguer, mais on peut rompre avec cette manie. Commencez une pratique de « non-étiquetage » par de petites choses. Si vous ratez l'avion, cassez une tasse ou glissez dans la boue, pouvez-vous vous retenir d'appliquer à cette expérience l'étiquette de « mauvaise » ou de « pénible » ? Pouvez-vous immédiatement accepter l'instant tel qu'il est ?

Le fait de donner à une chose l'étiquette de « mauvaise » provoque en vous une contraction émotionnelle. Lorsque vous la laissez être, sans la qualifier, un pouvoir énorme est soudain mis à votre disposition.

La contraction vous sépare de ce pouvoir, du pouvoir de la Vie même.

Ils ont mangé du fruit de l'arbre de la connaissance du bien et du mal.

Dépassez le bien et le mal en vous empêchant de donner à quoi que ce soit l'étiquette mentale de « bon » ou de « mauvais ». Lorsque vous dépassez l'habitude d'étiqueter, la force de l'univers passe par vous. Lorsque vous êtes en relation non réactive avec des expériences, ce que vous auriez appelé « mauvais » reçoit un redressement rapide, sinon immédiat, par la force de la Vie même.

Observez ce qui a lieu lorsque vous n'utilisez pas l'étiquette de « mauvaise » et que vous choisissez plutôt une acceptation intérieure, un « oui » intérieur, et laissez cette chose être telle qu'elle est.

⟳

Quelle que soit votre situation dans la vie, comment vous sentiriez-vous si vous l'acceptiez telle quelle – dès maintenant ?

⟳

Bien des formes de souffrance, subtiles et moins subtiles, sont si « normales » qu'on ne les reconnaît pas habituellement comme étant de la souffrance. Elles peuvent même donner l'impression d'être satisfaisantes pour l'ego – l'irritation, l'impatience, la colère, un ennui avec quelque chose ou quelqu'un, le ressentiment, le fait de se plaindre.

Vous pouvez apprendre à reconnaître toutes ces formes de souffrance à mesure qu'elles se présentent, et savoir : en ce moment, je suis en train de me faire souffrir.

Si vous avez l'habitude de vous faire souffrir, vous êtes probablement à faire souffrir les autres aussi. Ces schémas mentaux inconscients ont tendance à disparaître lorsqu'on les rend conscients, lorsque l'on en prend conscience dès qu'ils surviennent.

Vous ne pouvez à la fois être conscient *et* vous faire souffrir.

❧

Voici le miracle : derrière chaque condition, personne ou situation apparemment « mauvaise » se cache un bienfait plus profond. Ce dernier se révèle à vous – en vous et à l'extérieur – par l'acceptation de ce qui est.

« Ne t'oppose pas au mal » est l'une des plus grandes vérités de l'humanité.

Dialogue :

— Accepte ce qui *est*.

— Je ne peux vraiment pas. Je suis agité et en colère à ce sujet.

— Alors, accepte *ces sentiments*.

— Accepter d'être impatient et en colère ? De ne pas pouvoir accepter ?

— Oui. Mets de l'acceptation dans ta non-acceptation. Mets du lâcher-prise dans ta rigidité. Puis, vois ce qui se produit.

❧

La douleur physique chronique est l'un des maîtres les plus sévères que vous puissiez avoir. Son enseignement se résume à ceci : « Inutile de résister. »

Rien n'est plus normal que de s'opposer à la souffrance. Mais si vous pouvez laisser tomber cette opposition, et plutôt permettre à la douleur d'exister, vous remarquerez peut-être une subtile séparation intérieure par rapport à la douleur, un espace entre vous et elle, pour ainsi dire. Cela signifie une souffrance consciente, volontaire. Lorsque vous souffrez consciemment, la douleur physique peut rapidement consumer l'ego en vous, puisque ce dernier est surtout fait de résistances. Il en va de même pour l'incapacité physique extrême.

Lorsque vous « offrez votre souffrance à Dieu », c'est une autre façon d'exprimer la même chose.

Il n'est pas nécessaire d'être chrétien pour comprendre la vérité universelle profonde que renferme sous forme symbolique l'image de la croix.

La croix est un instrument de torture. Elle représente la souffrance, la contrainte et l'impuissance extrêmes pour un humain. Soudain, cet humain lâche prise, souffre volontairement, consciemment, comme l'expriment ces paroles : « Que ta volonté soit faite, et non la mienne. » À cet instant, la croix, instrument de torture, montre sa face cachée : c'est aussi un symbole sacré, celui du divin.

Ce qui paraît nier à la vie toute dimension transcendantale devient, par le lâcher-prise, une entrée dans cette dimension.

À propos de l'auteur

Eckhart Tolle est né en Allemagne où il a passé les treize premières années de sa vie. Après des études universitaires à Londres, il s'oriente vers la recherche et, dans ce cadre, dirige même un groupe à l'université de Cambridge. À l'âge de 29 ans, il a connu une profonde évolution spirituelle qui l'a transfiguré et a changé radicalement le cours de son existence.

Il a consacré les quelques années qui ont suivi à comprendre, intégrer et approfondir cette transformation qui a marqué chez lui le début d'un intense cheminement intérieur.

Eckhart Tolle a été conseiller et enseignant spirituel auprès de personnes et de petits groupes en Europe et en Amérique du Nord. Aujourd'hui, il voyage dans le monde entier afin de permettre à un plus grand public d'accéder à ses enseignements. Depuis 1996, il vit à Vancouver (Colombie-Britannique).

À propos de l'auteur

Le travail d'Eckhart Tolle a pour seul but l'épanouis-
sement de la conscience humaine.

Pour plus d'informations à propos de toutes ses publi-
cations, ses cassettes audio et vidéo ainsi que ses
séminaires, vous pouvez contacter :

Eckhart Teachings
P. O. Box 93661, Nelson Park RPO,
Vancouver, B.C. Canada V6E 4L7

Téléphone : (604) 913-8180
Télécopieur : (604) 913-8182

Site Web : www.eckharttolle.com

ECKHART TOLLE

LE POUVOIR DU MOMENT PRÉSENT

Guide d'éveil spirituel

J'AI LU
Bienêtre

N° 9340

Le pouvoir du moment présent est probablement l'un des livres les plus importants de notre époque.
Son enseignement simple et néanmoins profond a aidé des millions de gens à travers le monde à trouver la paix intérieure et à se sentir plus épanouis dans leur vie.
Au cœur de cet enseignement se trouve la transformation de la conscience : en vivant dans l'instant présent, nous transcendons notre ego et accédons à « un état de grâce, de légèreté et de bien-être ».
Ce livre a le pouvoir de métamorphoser votre vie par une expérience unique.

ECKHART TOLLE

METTRE EN PRATIQUE LE POUVOIR DU MOMENT PRÉSENT

Méditations et exercices

JAI LU
Bien-être

N° 9444

Le pouvoir du moment présent a aidé des millions de personnes à sortir de la prison de leurs pensées négatives et à vivre plus sereinement.

Mettre en pratique le pouvoir du moment présent propose des exercices et des méditations essentielles qui vous aideront à ne plus tomber dans les schémas automatiques de la souffrance, des peurs et des jugements.

Avec ce livre compagnon, vous apprendrez à devenir un observateur de vos pensées, à calmer votre esprit et à « habiter » votre corps.

En pratiquant cette conscience du moment présent, vous accéderez à une source d'amour, de beauté et de joie qui vous libérera.

Bien*être*

9705

Composition Nord Compo
Achevé d'imprimer en Slovaquie
par Novoprint SLK
le 21 mai 2013.
1ᵉʳ dépôt légal dans la collection : septembre 2011.
EAN 9782290036754

Éditions J'ai lu
87, quai Panhard-et-Levassor, 75013 Paris
Diffusion France et étranger : Flammarion